著名人50人が自腹で通う隠れ家

人生最高のひと皿

週刊朝日編集部

ご馳走といえば、やっぱり肉

The Best Supper

日本人なら魚だろう

華麗なる洋食への誘い

麺！麺!!
麺が呼んでいる

脇役たちの
絶妙なサイドアタック

假屋崎省吾さんは
カツ丼で精をつけ
太田裕美さんは
アジフライを食べながら
仲間と歓談する……

坂田藤十郎

Tojuro Sakata

初めて食べたのは、もう15年以上前。すき焼きにトマトなんて、どんなものだろうと思ったら、あまりのおいしさにびっくりしました。トマトの酸味が爽やかで、お肉との相性は最高です。玉ネギが、だしと割り下を吸いながら次第に飴色になってね。本をただせば、店の総料理長、小山裕久さん宅の家庭料理なんだそうですよ。

以来、私も妻（扇千景さん）もすっかり魅了されましてね。いろんな方をお連れしては、驚かせて楽しんだものです。亡くなった市川団十郎さんはトマトが大好物で。「こんな食べ方があるんですね！」と喜んでいらしたのを思い出します。妻が参議院議長だったころ、毎春、都内の全大使館に招待状をお出しして、議長公邸で「桜を愛でる会」を催しました。そのときの料理も「トマトすきやき」に出張してもらって。私も羽織袴でご接待したものです。

思えば、このすき焼きとも長いお付き合いです。仕事仲間や家族、みんなの絆を温めてくれた、そんな料理だと思いますね。

Profile

歌舞伎俳優。1931年、京都府生まれ。二代目中村鴈治郎の長男。41年、二代目中村扇雀として初舞台。90年に三代目中村鴈治郎となり、94年に人間国宝。2005年に坂田藤十郎を襲名した

京橋 婆娑羅《ばさら》

トマトすきやき

鍋にニンニクとオリーブオイルを入れ、トマト、玉ネギを並べて割り下を注ぐ。野菜を覆うように和牛スライスを並べてじっくりと加熱。アクセントに生バジルを添えて仕上げる。最後のシメはタリアテッレ。単品1人前4500円、2人前から。コースもある。税別

東京都中央区京橋3－1－1
東京スクエアガーデン1－5
☎03－5542－1938
㊒平日11：00～14：00L.O.、17：30～22：00L.O.
土祝11：30～14：30L.O.、17：30～21：00L.O.
㊡日

桂 由美

Yumi Katsura

こちらのお店は大阪港近くの、1923年に造られた赤れんが倉庫の中にあるんです。クラシックカーミュージアムも併設されていて、20世紀前半のアメリカにタイムスリップしたような、スタイリッシュな空間。長年、ウエディングドレスで花嫁の夢をかなえる仕事をしてきましたので、こういうドラマチックな空間は大好き！　お料理も高級なステーキですから、まさに極上のひとときが過ごせます。

　お肉は部位が様々にありますが、私が好きなのはフィレミニヨン。このお店では、鉄板焼きではなく「熾《おき》火《び》焼《やき》」といって、コナラやクヌギなど、香りのよい薪の遠火でじっくり焼き上げる手法をとっています。余分な脂が落ちて、肉汁はどこまでもジューシー。軟らかなフィレの舌触りは本当にシルキーで、のみ込むのがもったいないぐらいです。

　忙しい出張の合間に、無理にでも時間をつくってここへ来る。そうすると、次々と新しいイメージがわいてきて、デザインしたくてたまらなくなるんです。

Profile

ブライダルファッションデザイナー。東京都生まれ。創作活動は54年を迎え、国内はもとより海外でも30カ国以上の都市でファッションショーを行い、グローバルに活躍中

AKARENGA STEAK HOUSE

フィレミニヨンステーキ

アメリカンビーフの最高峰USDAプライムビーフの中でも特に軟らかい赤身部分を厳選し、薪を使って強い火力で焼き上げる。5種類のソースが添えてあるが、そのまま味わうと、肉に移った木の香りが口の中に広がる。桂さん来店時はフランク・ミラーの食器類でもてなす。200g8000円。税サ別

大阪市港区海岸通2－6－39
☎06－6573－3100
㊖17：30～21：00L.O. ㊡不定

司　葉子

Yoko Tsukasa

50年以上前、新人時代に生まれて初めての焼き肉屋さんに連れていってくださったのは、池部良さんでした。東京の右も左もわからない……そんな頃にいただいた焼き肉のおいしかったこと！　当時は今ほど焼き肉屋さんもなくて、何だか特別なところへ連れてきてもらったような思いでした。

ここは、そのお店にいた人たちが味を引き継いで開いたところでね。今では家族の行きつけです。麻布十番で50年近く続くお店で、今も変わらぬおいしさに安心します。

お肉はもちろん最高です。さっぱりした甘辛のタレもおいしい。いただくものは大体決まっていて、上ロースやミノ、サラダ。それにニンニクの丸焼き！　2、3カ月に一度、エネルギー補給に通う、そんな感じです。いつもお友達や家族と一緒に、わいわい過ごすのが楽しいの。

私ね、まだまだおいしいお店も探したいし、行きたいところも全国にたくさんあるのよ。だから、活力源になってくれるこういうお店は大切なんです。

Profile

俳優。1934年、鳥取県生まれ。54年、映画「君死に給うことなかれ」でデビュー。66年の「紀ノ川」で七つの主演女優賞を受賞した。2003年に紫綬褒章、10年に旭日小綬章を受章

三幸園

上ロース

西日本の産地から選りすぐりの牛肉のみを使用。赤身と脂のバランスが程よい上ロースは、さっぱり食べられる厚みがうれしい。タレは肉のスープをベースに、香味野菜やフルーツ、醤油などを加えた絶妙なコクと甘み。上ロース2400円、サンチュ 800円。税別

東京都港区麻布十番１－８－７
☎03－3585－6306
㋲11：30～翌０：30 ㊡水（祝日の場合は翌木）

田淵幸一

Koichi Tabuchi

見るからにおいしそうでしょ。適度に脂がのったタンは、噛んだらカリッ、さくっ。次の瞬間じゅわっと。二階堂（焼酎）にカボスを入れたやつが合うんですよ。夏はロックで、冬は、お湯割りじゃなくてお燗で。

　ステーキはいつもコースの最後のほうで出てきてたんだけど、僕はこれに目がなくて、とにかく早く食べたい！　いつだったか大将に言ったんですよ。「うまいものは最初に食べないと、舌が怒るよ！」って。そしたら僕の時だけ、先に出てくるようになった（笑）。

　そんなことが言えるぐらい、こことのお付き合いは長いです。初めて行ったのは26歳ぐらいだったかな。遠井吾郎さんに連れてきてもらって。タンの専門店なんて初めてで、あまりのおいしさに感激しましたね。以来、いろんな人とご一緒しました。おいしいものは、みんなにも喜んでもらいたいからね。

　常連も大将も、年とっちゃったからなあ。この味はぜひ、弟子に受け継いでもらいたいと思いますね。

Profile

野球解説者。1946年、東京都生まれ。69年、阪神タイガースに入団。75年に本塁打王。79年、西武ライオンズに移籍し、82、83年の優勝に貢献。通算474本塁打は歴代11位

たんや又兵衛

牛タンステーキ

牛一頭から1.5キロしか取れないタンをコースで提供。厳選された黒毛和牛のタンをじっくり熟成させて、うまみや軟らかさを引き出していく。タンステーキに使うのは適度に脂肪がのっている根元部分。おすすめコース8000円の一品、単品なら3500円。税別

大阪市中央区道頓堀
1丁目東5－21
☎06－6212－5200
㊂17：00～21：00L.O.
㊡日祝

假屋崎省吾

Shogo Kariyazaki

華道家というと草食系のイメージで見られがちですが、私はこう見えて食は肉食系。オトコの中のオトコです。花は全身全霊を捧げていけるから、ものすごくエネルギーを使うんですよ。だから若い頃は、よく肉を食べました。なかでも小さい頃からトンカツが大好き。忙しい時もさっと食べられて、ご馳走気分が味わえるので。

いまから19年前、目白の蕉雨園をお借りして、作品集の撮影をしていた時のこと。お昼にカツ丼が食べたいとリクエストしたら、出前でとっていただいたのがこちら。

食べる前からワクワクして、フタをあけてびっくり！　トンカツが桁外れの豪快さで、ご飯の上にドーンッと横たわっていて、しかも食べたら肉が分厚いこと。カツに卵とタレがいい具合に絡んで大満足のお味だったのを、いまでも忘れません。食べたあと思わず、さあ、撮影がんばろう！って気になりましたね。おかげさまで本は大増刷で私の代表作に。このカツ丼には感謝の気持ちでいっぱいです。

Profile

華道家。Kariyazaki Flower Professional Education School主宰。着物やガラス器のデザイン、プロデュースをはじめ、各地で個展「歴史的建築物に挑む」を開催する

上カツ丼

目白 大村庵

昭和26年から暖簾をかける手もみ蕎麦の店。丼物メニューも豊富で上カツ丼は、天皇陛下が皇太子時代に出前で召し上がったという。茨城県産三元豚を約250gも使ったトンカツはボリューム満点。汁物、香物付きで1700円。税込み。子息による沖縄・那覇店もある

東京都豊島区高田1－37－9
☎03－3971－6001
営11：00～14：30、17：00～20：00 休木

さいとう・たかを

Takao Saito

食べ物で大事なのは、自分の口に合うかどうか。編集者があちこちの店に連れていってくれます。いずれも評判の店らしいけど、私にはうまいと思えず、その後、自分で行ったことはありません。幸い、家内の料理は私の口によく合い、外で食べるよりよっぽどいい。

そんな私が通う店が、一軒だけあります。家の近くの中華料理店。2、3年前に家内らと試しに入ってみたんです。酢豚が運ばれてきた時、「え、こんな料理頼んでない」と思いました。真っ黒くて肉と山芋しかないから、酢豚に見えない。でも味はいい。エビチリのタレも気に入り、蒸しパンを使って皿が奇麗になるまでいただきました。

以来、行くたびに片っ端から食べてみた結果（笑）、今は注文する料理が決まっています。クラゲ、酢豚、エビチリ、蒸しパン、五目餡かけ焼きそば、フカヒレスープ。一品ずつ頼んで家内といただくと、かなりおなかいっぱいになる。でも、ここの杏仁豆腐は別腹。これが、外食で楽しむ唯一の晩餐です。

Profile

劇画家。1936年、和歌山県出身。60年代、大人向けの「劇画」という分野を開拓。「ゴルゴ13」は68年から一度も休載することなく続く。2003年に紫綬褒章、10年に旭日小綬章受章

穂禮上海

山芋入り黒酢の酢豚

山芋入り黒酢の酢豚2400円は、本場・江蘇省の鎮江香酢（黒酢）を使用し、程よい酸味とほのかな甘みが。軟らかい豚肉と山芋のシャキシャキした食感の違いが面白い。希望すれば普通の野菜入りも作ってもらえる。海老チリソース炒め1600円、杏仁豆腐500円。税抜き

東京都新宿区神楽坂６－７　響ビル２・３Ｆ
☎03－3269－5881
㊋11：30～14：30L.O.、17：30～22：00L.O.
㊡火

由美かおる

Kaoru Yumi

私は食べることが大好き。体が喜ぶものを、好きなだけいただいてます。カロリー計算はしたことがないんですけど、結果的にバランスの良い食事を適量摂《と》っているんでしょうね。10代の頃とスリーサイズは変わらず、半世紀前の（笑）ジーパンを今でもはけます。

体が喜ぶといえば、「吾」の料理。4年前に神楽坂を散策していた時、泉鏡花・北原白秋旧居跡のそばで見つけました。どんな店か中を覗いたら、カウンター越しに話すお客さんと大将の雰囲気がよさそうだったので、入ってみたんです。

素材がいいうえ、手間暇をかけて作っているのがよくわかるものばかり。「こういうのを食べたい」とお願いするとその通りのものを作ってくれますし、優しい味で、母が愛情込めて作ってくれたおかずと重なり、どんどん食べてしまいます。

この店の料理は、「最後の晩餐」には向かないでしょう。ここで食事をするたびに、明日も頑張ろうと前向きな気持ちがわいてくるんですもの（笑）。

Profile

俳優。1966年に西野皓三氏の企画・構成・振り付けの歌と踊りでデビューし、その後、テレビ、映画、ミュージカルに主演。西野流呼吸法の著書も多数あり、全国で講演活動を行う

裏路地板前心 吾

角煮と肉じゃが

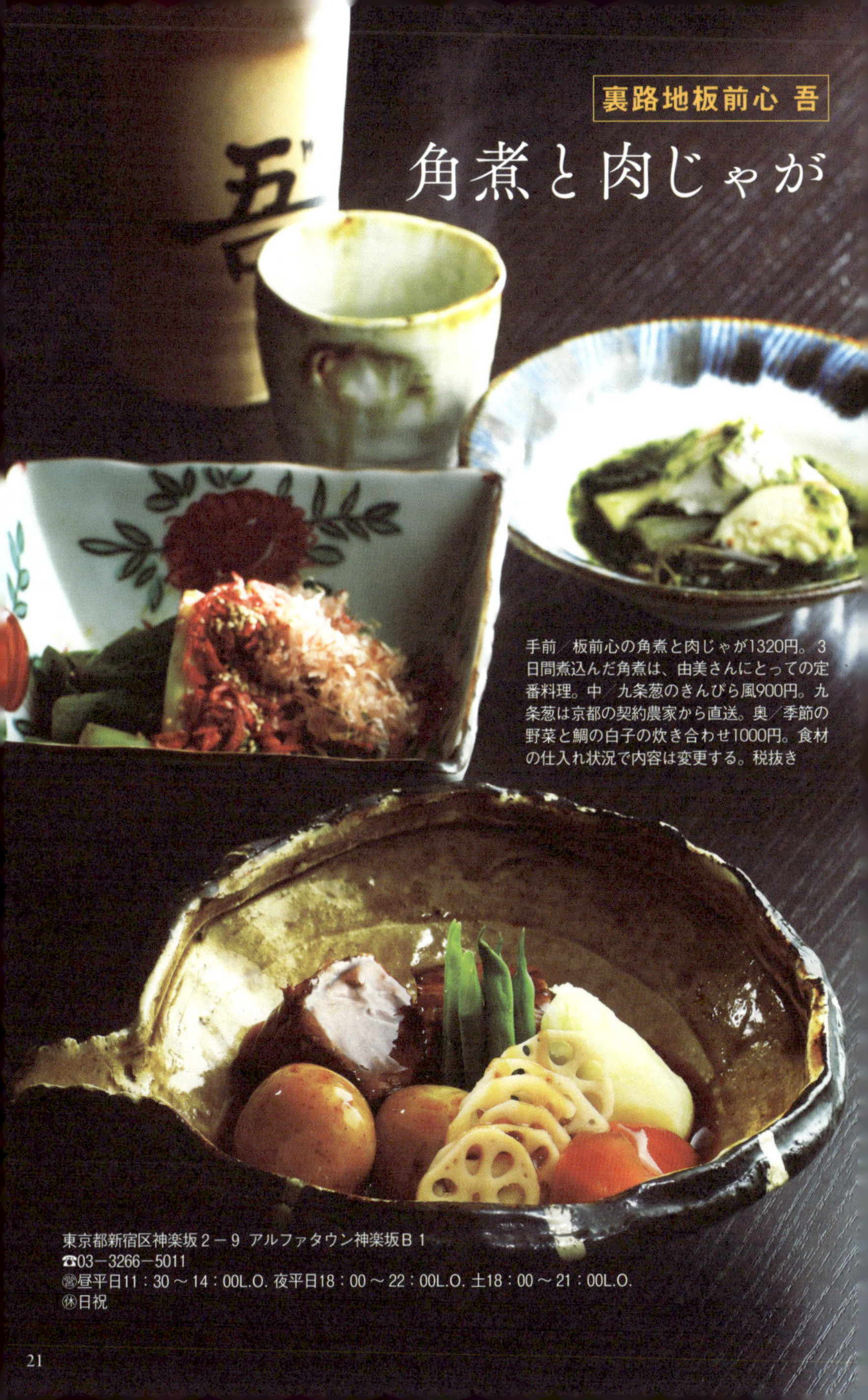

手前／板前心の角煮と肉じゃが1320円。3日間煮込んだ角煮は、由美さんにとっての定番料理。中／九条葱のきんぴら風900円。九条葱は京都の契約農家から直送。奥／季節の野菜と鯛の白子の炊き合わせ1000円。食材の仕入れ状況で内容は変更する。税抜き

東京都新宿区神楽坂２－９ アルファタウン神楽坂Ｂ１
☎03－3266－5011
㊋昼平日11：30～14：00L.O. 夜平日18：00～22：00L.O. 土18：00～21：00L.O.
㊡日祝

三浦雄一郎

Yuichiro Miura

僕は世界中でいろんな肉を食べてきました。南米の最南端で、牛の丸焼きを食べた時のことは忘れられません。アフリカでゾウ、ワニ、カバを、アラスカでアザラシやセイウチを食べたこともあります。エベレストのキャンプではイタリア隊と仲良くなり、こちらが持参した鮭トバと向こうのプロシュートとを交換して食べました。

そのうえで、繪もんのラム肩ロースは素晴らしいと感じています。ジューシーで非常に軟らかい肉を使っているのに、手頃な値段。味と値段のバランスは、世界のトップクラス。東京にいる時は、よく通います。

ここでは、フレッシュなニンジンが山のようにのっているサラダもいただきます。パリパリの食感、ドレッシングの味がよく、これを食べることでラム肉がより引き立つと思います。

この年になっても何でもおいしく食べられるということは、幸せだと思います。食べることは元気の素。肉を食べながら、新たな目標のためトレーニングを続けています。

Profile

プロスキーヤー・登山家。1932年、青森県生まれ。70年、エベレスト8000m地点から滑降に成功。85年に世界七大陸最高峰全峰滑降を達成。2013年、史上最高齢でエベレスト登頂

繪《え》もん 北参道店

ラム肩ロースのロースト

女性に人気のもつ鍋屋だが、一品料理にも定評が。ラム肩ロースのロースト1280円は、軟らかい豪州産羊肉をマスタードとビールのソースでいただく。人参とジャコのパリパリサラダ720円（小530円もあり）は、オリジナルドレッシングとの取り合わせが抜群。税別

東京都渋谷区千駄ケ谷４－５－１
ニュー外苑ハイツ１Ｆ
☎03－3478－5050
㊔11：30～14：30L.O.
18：00～22：30L.O. ㊡土

小林稔侍

Nenji Kobayashi

この店のママのお父さんと私は、もう何十年にもなる付き合いなんですよ。そんなご縁で、大阪へ行くと必ず立ち寄るようになって、早7年かなあ。いつもメニューはお任せなんです。というのも、何を食べてもおいしいから。近くに新歌舞伎座があるせいか、常連さんには役者さんも多いみたいですよ。

ここの料理はね、なんだか体にいいような気がするんです。味も優しいし、おなかにすとんと収まる感じ。牛肉の柳川鍋は、和牛のいいところを牛のスープで煮て、玉子でうまみを閉じ込めてある。豆腐と野菜のあんかけも、野菜の味や歯ざわり、香りを豆腐が受け止めて絶妙です。真面目に素材と向き合っているからこそできる味ですが、出てくる姿はさりげない。そこが心憎いですね。

これまで色んな役を演じてきました。一番すんなり入り込めるのは「平凡でも必死に踏ん張っている、普通の人」の役。そんな私ですから、食事も普段着の味、それでいて「根が真面目」なお店が一番くつろげるんです。

Profile

俳優。1941年、和歌山県生まれ。60年代から多くの映画、テレビドラマで活躍する。2000年、映画「鉄道員(ぽっぽや)」で第23回日本アカデミー賞最優秀助演男優賞を受賞した

つるふく

三田牛柳川風

一頭買いした未経産の雌牛の赤身と霜降りをブレンドして使用。季節によっては大阪産若ゴボウが入っていることも。980円。奥の豆腐の季節野菜あんかけは、野菜をヘルシーにたっぷり摂って欲しいという思いからできたメニュー。600円。税込み

大阪市天王寺区上本町6－3－31
上本町ハイハイタウン1F
☎06－6772－0082
㊋11：00～14：00
17：30～22：00L.O.
㊡月

IKKO

いっこう

あれは19歳で福岡から横浜に出てきて、元町の美容室に住み込みで働いていた時のこと。仕事が満足にできず、毎日叱られっぱなしで……まずはシャンプーの指名でトップになれるよう頑張りました。そんなある日、当時中華街で人気だった「珠江飯店」の名物ママが、初めて私を指名してくださったんです。これがご縁で、お店や系列の「菜香」に伺うようになりました。「菜香」は中華街でもまだ珍しかった飲茶を出していたんです。

　初めて食べた北京ダックは衝撃的でしたね。お金がないから2巻きだけいただいて。チャーシューまんじゅうのふかふかの生地と甘辛いタレも印象的でした。蒸したてのマーライコーは、手でちぎって食べると口の中で溶けてく感じ。私にとっては修業時代に食べた心に染みる〝涙の味〟っていうのかしら……。

　当時の中華街のママたちには本当に良くしていただきました。決して涙を見せず、つねに喜びや感動を与えるおもてなしの心を持つこと。この教えは私の中で一生の糧となっています。

Profile

美容家。1962年、福岡県生まれ。横浜市の美容室で8年間の修業後に独立し、IKKO流〝女優メイク〟を確立。テレビ出演、執筆や講演のほか、韓国観光名誉広報大使や書家としても活躍

菜香新館

北京ダックほか

香港から点心師を呼び、飲茶を中心に提供する店。北京ダック（１巻803円）は肉付きの皮をキュウリとえびせんと一緒に巻く独自のスタイル。チャーシューまんじゅう（２個462円）は甘辛いタレが絡むチャーシュー入り。創業当時のレシピを受け継ぐマーライコー（297円）は懐かしい味。税込み

神奈川県横浜市中区山下町192
☎045－664－3155
㊐11：30～20：45L.O.（土日祝11：00～）
㊡第２火（祝日、８・12月は営業）

アニマル浜口

Animal Hamaguchi

僕がまだ国際プロレスに所属していた20代の頃。後楽園ホールで試合を終えて、仲間と繰り出したのがこちら。当時、浅草の小料理屋で若女将をしていた、いまの女房とのデートにもよく出かけましたね。あの頃はまだカウンターだけの小さな店で、僕はビール、彼女はチューハイを飲みながら、二人でもつ焼きを何本ほおばったことか……。

ここの串は大ぶりだから食べ応えがあるんです。しかも甘辛いタレがたまらず、酒がすすんで困っちゃう（笑）。もつ煮も具だくさんで、スッキリとしたニンニク風味が僕好みです。

マスターとはもう随分、長いつきあいになります。娘の京子がアテネ、北京、ロンドンのオリンピック3大会に出場した時も家族で応援に駆けつけてくれました。店は大きくなりましたが、マスター一家の温かい人情は変わらず店の雰囲気や味を担っています。いまもたまに家族で出かけますが、吾妻橋を渡って路地に入ると赤提灯のあかりが見えて。故郷に帰ったような気分になるんですよね。

Profile

元プロレスラー。1947年、島根県生まれ。69年国際プロレスに入門。その後、新日本プロレス、ジャパンプロレス、全日本プロレスで活躍。87年引退後、「アニマル浜口トレーニングジム」を設立

もつ焼き 稲垣本店

串焼き 煮込み

昭和32年創業の大衆居酒屋。和洋中の豊富なメニューに驚かされるが、やはりおすすめはカシラ、レバー、シロなど鮮度の良い豚もつの炭火焼き。焼き鳥も同様に大ぶりの串で食べ応えがある。各４本500円。串を待つ間、ニンニク風味のもつ煮込み300円もぜひ注文したい。税込み

東京都墨田区東駒形３－25－４
☎03－3623－6389
㊋17：00～24：00
㊡不定

稲川淳二

Junji Inagawa

早いもので夏恒例の怪談ナイトは26年目に突入しました。ツアースタッフや私の友人たちとよく食事をするのがこちらのお店です。

以前は焼き肉って、店によってそんなに味が変わるのかな？と思っていたんですけどね。この肉と出会って、その考えはくつがえりました。和牛を使っているのですが、丹精込めて育てた肉は質感が違う。店のオーナーの、とことんおいしいものを追求する姿勢が見えるんです。

なかでもこのユッケは最高ですよ。都内でも生肉提供の許可を取ってる店は貴重らしくて。やっぱり安心して食べられて、コレがうまいとなると言うことない。知り合いを連れていってもみんなに喜ばれます。あと、特選厚切りタンもおすすめ。こちらは食感がやわらかくて、口の中でとろけまくりです。

怪談は70歳からが本番だと思うんですよね。連日2時間ぶっ通しのライブは体力勝負ですが、ここの肉があれば心強い。おかげさまで、また今年も暑い夏を乗り切れそうです。

Profile

怪談家。1947年、東京都生まれ。テレビタレントとして活躍後、55歳で残りの人生を怪談ライブに没頭することを決意。「稲川淳二の怪談ナイト」は、毎夏恒例の人気イベント

炭火焼肉 韓々

牛肉のユッケ

生食用食肉専用の厨房を設けるなど衛生環境の基準を満たすことで、保健所の認可を得て提供している。ゴマ油風味のタレと卵黄を絡めた手切りの和牛ユッケは、一般的に提供される冷凍パック式とは異なるねっとりとした食感が自慢。1900円。税別

東京都世田谷区駒沢３－18－２　３F
☎03－3410－5566
㊋11：30～14：30L.O.
17：00～22：00L.O.
㊡月（祝日の場合は翌火）

瀬戸内寂聴

Jakucho Setouchi

このお店は、作家の里見弴先生に連れていってもらったんです。先生はこの鍋を食べるためわざわざ鎌倉から京都にいらっしゃるというほど、お好きでした。あれはまだ出家する前のこと。出家して44年だから、50年近く通っていることになります。祇園のお茶屋の女将さんたちもよく行っているので、『京まんだら』に登場させました。

鍋には野菜などは入っていなくて、すっぽんだけ。それをお酒で煮込んでいるんです。面白かったのは、革命家の荒畑寒村先生をご招待したとき。寒村先生は「おいしい、おいしい」と喜んでくださったけど、雑炊の前に急にひっくり返っちゃったんです。下戸の方で、鍋のお酒に酔ったそうなの（笑）。

私、うっかりこの店の電車の吊り広告に出ることになったんです。担当編集者にそう話したら、その人のお母さんに「尼さんがすっぽんの広告になんて！」と怒られて、中止になってしまいました（笑）。でも今も元気でいられるのは、すっぽんのおかげもあると思うのよ。

Profile

小説家・尼僧。1922年、徳島県生まれ。56年、「痛い靴」でデビュー。63年に『夏の終り』で女流文学賞受賞。73年に出家し、京都嵯峨野で執筆と法話に励む。2006年、文化勲章受章

大市《だいいち》

○鍋

創業は元禄年間。約330年もの間、すっぽん一筋。作家から愛され、志賀直哉『暗夜行路』、川端康成『古都』、開高健『新しい天体』などに登場する。浜名湖産のすっぽんを、酒、醤油入りの鍋に入れ、コークスにより2000℃近い高温で一気に炊き込む。2万4500円のコースの一品。税・サ込み

京都市上京区下長者町通千本西入ル六番町
☎075−461−1775
㊟12：00～13：00最終入店、
17：00～19：30最終入店
㊡火
要予約

なぎら健壱

Kenichi Nagira

浅草の煮込み通りも新しいビルが建って観光客が増え、ずいぶん昔と様子が変わりました。そんななか、ここは通りの先にあって唯一、庶民的な風情を残しています。いつもぶらっと寄って、外のテーブルで一杯やって帰る。肌に合う、居心地のいい店のひとつです。

名物の煮込みは何度食べたかわからないけど、じっくり煮込んだ牛スジのうまみがだしにとけ出して抜群にうまい。以前、たまたま煮込みがまだ浅いことがあって、あれ?っと思って「きのう夜遅くまで呑んでただろう?」なんて店主に冗談めかしで言ったりして（笑）。でもそんな人間味もひっくるめて、この店の魅力なんです。

煮込みがうまいと、つい頼みたくなるのがこの「牛めし」。いつも唐辛子をたっぷりふって、真っ赤になったところをかきこみます。これぞジャンクフードの王様ですよね。僕に言わせれば、やっぱり安くてうまい店がいい。これに尽きます。だって、高くてうまいのは今の世の中、あたり前じゃないですか?

Profile

シンガー・ソングライター、タレント。1952年、東京都生まれ。映画、テレビ、ラジオの出演や新聞、雑誌の執筆などで活躍。著書に、『酒場のたわごと』などがある

正ちゃん
牛めし

浅草・浅草寺近くの通称〝煮込み通り〟で、昭和26年から続く大衆居酒屋。店の前のテント下で昼飲みする人も多い。醤油、ザラメ、酒を継ぎ足しながら大鍋で牛スジやタマネギをとろとろ煮込んだ牛煮込みは、濃厚だが甘さ控えめ。これがご飯にたっぷりと盛られる。500円。税込み

東京都台東区浅草２－７－13
☎03－3841－3673
㊮昼過ぎ～21：00L.O.（土日９：00～）
㊡火。月に不定休もあり

長谷川初範

Hatsunori Hasegawa

以前、この店が目黒にあった頃、来日したアメリカの映画関係者をまじえて役者仲間でよく集まりました。じつはオーナーの小林幹さんも海外の映画に出演する役者なんです。

先日、白金に移転後も伺いましたが、テラス席でハンバーガーを食べると気持ちよくて。僕は酒を嗜《たしな》みませんし、若い頃アメリカに留学した経験があるので、こういった空気が肌に合う。バーガーにはベーコンや目玉焼きなどいろいろ挟んで食べましたが、ボリュームはあるけど不思議と脂っぽくない。素材の味が感じられてうまい。カミさんにもお土産に買って帰ったら、喜んでいました。小林さんは強《こわ》面《もて》の役がぴったりな風貌ですが、ハンバーガーひとつをとっても細やかな美意識がある。秘めたる闘志を感じます。

海外のエンターテインメントの話は刺激になりますね。またここで仲間と集まって、演劇論を戦わせたい。最低でもあと20年は、映画やテレビドラマ、舞台に野心を持って挑戦し続けたいと思っています。

Profile

俳優。1955年、北海道生まれ。横浜放送映画専門学院2期生。「101回目のプロポーズ」など数々のドラマに出演、「No.9ー不滅の旋律ー」「キューティ・ブロンド」など舞台でも活躍

kan's kitchen

ハンバーガー

香ばしく焼かれたバンズに歯応えのある粗挽きのパテ、甘みのあるタマネギ、フレッシュなレタスがバランスよく合わさり満足度の高い味わいに。好みによってチーズやベーコン、アボカドなどが自由に選べる。ソースも自家製バーベキューやサルサなど４種類ある。1200円～。税別

東京都渋谷区道玄坂
２－７－５　２F
☎03－6416－3465
㊂12：00～15：00
　17：00～23：30L.O.
㊡不定
※19年11月１日、渋谷に再移転。

錦野旦

Akira Nishikino

目黒に事務所があった頃にこの店を見つけて以来、10年以上通っています。カウンターに座ると、すし屋みたいにシェフが目の前で一品一品作ってくれて、どれもうまい。気取らない雰囲気もいいですね。

僕は昔から無類の鴨好き。最初にこのメニューを見つけたときは嬉しかったですね。ちなみに僕の場合、盛り付けが特別バージョンでして……通常、鴨肉をスライスして盛り付けるところ、いつも切らずに塊のまま出してもらっています。目の前のお皿にドーンとのった肉の塊を、自分でナイフを入れて頬ばる。この贅沢さはたまりません。焼き加減もちょうど良く、ちょっと甘めの赤ワインソースが甘党の僕好み。シェフの栃木の実家で作っている野菜も新鮮です。

ここ数年、僕はマスターズの水泳競技に挑戦中で、タイムを計りながら泳ぐのが日課になっています。今年はクロール25メートル14秒出すのが目標。いま15秒なのであとひと息。この鴨肉がパワー源になってくれることに期待して頑張ります！

Profile

歌手。1948年、大分県生まれ。70年に「もう恋なのか」でデビュー。翌年の「空に太陽がある限り」が大ヒットし、〝スター〟として歌番組を席巻。近年はマスターズ水泳大会で活躍

デラッセ

鴨胸肉のロースト 赤ワインソース

オープンキッチンの気さくな雰囲気のなか、前菜や主菜をアラカルトで楽しめる店。鴨胸肉のローストは、外は香ばしく中はレアな肉質を堪能できる定番メニュー。子牛の骨でとったフォン・ド・ヴォーやハチミツを加えた赤ワインソースが、力強い鴨とバランスの良い関係に。2800円。税込み

東京都品川区上大崎２－13－45
☎03－3445－2540
(営)12：00～14：00L.O.（日曜のみ営業）18：00～22：00L.O.
㊡月、ほか月２回

古田新太

Arata Furuta

うちの劇団の座付き作家をやっている、（中島）かずきさんが福岡出身でして。彼が25年くらい前、下北においしい博多風の焼き鳥の店があると言って、劇団員たちを連れていってくれたのがこの店でした。

当時20代だったおいらたちは、髪の毛を赤く染めてモヒカンや電髪で。全員革ジャン姿でカウンターに座ったら、さすがに大将ににらまれました（笑）。それ以来、ちょくちょく飲みに行ったら顔なじみになって。いまだに通わせてもらっています。

博多の焼き鳥といえば、豚バラが定番。大将が塩をさっとふってカウンターの目の前で焼いてくれます。カリカリになった豚バラに、白ネギじゃなく、タマネギを挟んであるのが博多風。塩っ気のある豚バラと甘いタマネギをひと口ずつ交互に食べると、酒のあてに絶品。時々、キャベツをさっぱりとしたポン酢につけてつまんだりして。串3本でお酒が何杯も進みます。まあ、おいらの場合……どちらかというと酒のために串を食うって感じですね（笑）。

Profile

俳優。1965年、兵庫県生まれ。大阪芸術大学在学中の84年から劇団☆新感線の公演に参加し、看板役者となる。多くの舞台に立つ他、テレビ、ラジオなどでも幅広く活躍中

和楽互尊

豚バラ

博多焼き鳥の店で、カウンター前のネタケースには、丁寧に串打ちされた鶏、豚、魚介が美しく並ぶ。定番といえるのが、脂を落としながら焼かれる豚バラ。3本380円。ポン酢を敷いたキャベツの上に盛られる。珍しい豚軟骨、香ばしく焼く鶏手羽先もおすすめ。税別

東京都世田谷区北沢2－9－1
大新ビル2F
☎03－3468－7688
㊒17：00～23：30L.O. ㊡日

市川猿弥

Enya Ichikawa

この店には、子役のころから通っているんです。よく歌舞伎座からの帰りに、母親に連れられていきました。

「ステーキハンバーグ」は、最初のころにはまだなかったと思います。小学校何年生のときかはっきりしませんが、なにかの拍子に見つけ、これはなんだろうと頼んでみました。ステーキ用の肉を細く切って固めたもの。食べやすいけど、ハンバーグと違ってしっかりとした肉の歯ごたえがあるんです。以来、必ず注文するように。たまにカニクリームコロッケも一緒に頼みますが、基本はこれ300gにソースは「せんごくバター」。

ソースは4種類から選ぶんですが、ちょっとしょっぱい味がするバターが一番！ それを2個か3個いただいて、肉の下に敷いてモヤシやコーンを食べたり、ご飯にのっけてみたり。

他のソースも試したことはあるんですよ。妻や娘が頼んだときにもらってみて。でも、そそられるものはなかった。一途に40年以上、同じ料理を食べ続けています。

Profile

歌舞伎俳優。1967年、東京都生まれ。75年に初舞台。78年、三代目市川猿之助（現猿翁）の部屋子となり二代目市川猿弥に。98年、歌舞伎座「義経千本桜」の武蔵坊弁慶で名題

レストランせんごく春日本店

ステーキハンバーグ

ステーキ用赤身肉を細切りにし、香辛料、卵などと共に固めて焼いた。ハンバーグと異なり、粉やパンのつなぎを使わない。「せんごくバター」は、溶かしバターにアンチョビとタバスコを練り込んで固め、パプリカとパセリをかけたもの。写真は200g1900円。150g1600円、300g2690円もある。税込み

東京都文京区本郷４－25－８
レッチフィールド本郷４丁目 2F
☎03－3815－5606
㊎平日11：00～15：00、17：00～23：00
土日祝11：00～23：00
㊡年末年始のみ

梅沢富美男

Tomio Umezawa

東北人ですから、やっぱり魚が好き。ある日、どうしても魚が食べたくて、前々から気になってた、事務所近くのこちらに伺いました。正直なところ、最初はそこまで期待はしていなかったけれど、市場から入る魚がたくさんメニューに並んでいて、どれも新鮮で驚きました。しかも店員さんが感じがよくて、いっぺんに気に入りましてね。僕はいくら料理がおいしくても、お店の人が感じが悪いとダメ。だって、老い先短いんだから、おいしいものを気分よく食べたいじゃないですか（笑）。

　魚の煮付けは僕もたまに作るのですが、煮込みすぎると身が硬くなってしまう。ここのキンキは新鮮なので、味がしみ込む一歩手前で仕上げないとおいしさが半減する。なおかつ薄味だと間が抜けた感じになるので、しっかりとした味のタレをふっくらとした身に絡めて食べるのがちょうどいい。この煮付けは、そんな僕のストライクゾーンにピタッと見事にはまるんです。お酒は進むし、ご飯のお供にしたら何杯でもいけちゃいます。

Profile

俳優、歌手、タレント。1950年、福島県生まれ。大衆演劇一座に生まれ、女形が話題となり人気役者に。2012年、「梅沢富美男劇団」座長となり、脚本、演出、振り付けも手がける

豊洲市場から毎朝仕入れる活きの良い魚料理が自慢。きんきの煮付2000円～（季節によって変更）はオープン以来、継ぎ足しのタレで作る人気メニュー。脂がのった身に甘さ控えめのすっきりと濃厚な醤油タレがよく絡み、鮮度が良いのでワタも一緒に丸ごと食べられる。税別

魚三四味家《おさしみや》

きんきの煮付

東京都目黒区自由が丘２－13－２
辰巳ビルＢ１
☎03－3723－5570
㊫11：30～14：00
17：00～23：00L.O.
㈭なし

加藤登紀子

Tokiko Kato

こちらは銀座のお寿司屋さん。握りも魅力ですが、昼間は海鮮丼がリーズナブルに楽しめます。丼には特製の醤油だれをかけ、わさびをのせていただきます。マグロや貝、キュウリが細かく切ってあるから、食べやすいのもいいですね。海苔で巻いてもおいしく味わえます。

丼を食べ終わったら、ご飯をおかわりして、鯛茶漬けで二度楽しめるのも嬉しいところ。しかもご飯が2種類のお米から選べるんです。先日は金芽米をいただきました。お店の人いわく、うまみを残すようにして、独特の精米をほどこしたお米だとか。このご飯にゴマだれで和えた鯛の刺し身をのせ、鯛でとっただしをかければできあがり。柚子胡椒を添えるとピリッとして、香りも引き立ちます。

私は小さい頃から無類のご飯好き。白米がまだ贅沢品だった頃、誕生日に母親に何が欲しい？って聞かれたら「真っ白ご飯」と答えたぐらいです（笑）。時代は変わりましたが、いまもそのありがたさを噛みしめつつ、ご飯を味わっています。

Profile

歌手。1943年、中国・ハルビン生まれ。66年「赤い風船」で日本レコード大賞新人賞受賞。70年発売の「知床旅情」がミリオンセラーを記録した。本の執筆、環境問題にも取り組む

金のダイニング鮪金《つなきん》

海鮮丼

東京都中央区銀座５−10−13
東洋ライスビル１Ｆ
☎03−3573−5515
㊮11：30〜14：00L.O.
　17：00〜22：00L.O.
㊡不定

ランチの海鮮丼は、甘みとうまみを備えたコシヒカリの金芽米を使用。新鮮なマグロをベースに貝やカニをのせ、刻み大葉やネギの薬味を添える。ご飯は無料でおかわり可。ゴマ和えの鯛の刺し身をのせ、鯛のアラを使った濃厚なだしをかけて味わう鯛茶漬けは満足の味。980円。税込み

大地康雄

Yasuo Daichi

このお店で最初に驚いたのは、豚バラの甘辛煮でした。私は熊本生まれ沖縄育ちなんですが、沖縄では豚バラはおなじみの食材。そこには一家言ある私が、思わず唸《うな》るほどおいしかったんです。さらに魚料理のメニューを見たら、塩煮とある。参りましたね。沖縄の煮魚はマース煮といって、塩煮が多いんです。もちろん即、お願いしました。

まず、胃袋をぐっとつかまれるほどおいしいのがスープ！　ハマグリのコクと上品な白身魚、散らしたネギとゴボウが香りを添えて、なんとも滋味深い。食べながらふと、脳裏におふくろの顔がよぎったほどです。

店主はまだ20代の若さで、独立したばかりだという。料理はすべてオリジナルで、時間をみつけては各地の料理を食べ歩くほど勉強熱心。厨房できびきびと動くさまも何とも気持ちいい。それを見ていたくてカウンターを選んで座るほどです。

若者を応援するつもりで通い始めたのに、気づけばこっちが元気をもらっていた。ここはそんなお店なんですよ。

Profile

俳優。1951年、熊本県生まれ。87年、映画「マルサの女」で脚光を浴びる。2013年に企画・主演した「じんじん」で、ゆうばり国際ファンタスティック映画祭観客賞と人物賞を受賞

ことはじめ

イシモチと小ハマグリの塩煮

沖縄のマース煮やイタリア料理のアクアパッツァにヒントを得て生まれたメニュー。酒と塩、少々の鰹出汁と薄口醤油で魚とハマグリ、ゴボウをあっさりと煮、仕上げに白ネギと九条ネギを散らして香ばしく。魚と貝は仕入れによって他のものを使用することも。1500円。税別

東京都世田谷区砧８－９－８
島屋ビル２F－B
☎03－6411－0663
㊎18：00～翌３：00
㊡木

船越英一郎

Eiichiro Funakoshi

京都に通って、かれこれ30有余年。ここまでくると、育った神奈川、住んでいる東京に次いで、もはや第三の故郷です。

僕にとって故郷とは、待っていてくれる人たちがいるところ。この店のオーナーとも、30年の付き合いです。役者として先が見えなくて、でも「何とか大きくなってやる！」って模索していたころでした。彼も飲食店を開いたばかりで、何か新しいことを、と挑戦を続けていた。以来、互いに励まし合ってきた友人です。そこから仲間が広がって、おかげで京都を故郷と呼べるまでになったんです。

鯖寿司は、いかにも京都らしい一品。お祭りの時など、一般家庭でもよく作りますし、名だたる割烹料理店のメニューにもある。でも、僕はここのが一番好き。脂の乗った鯖とご飯の間に京都ならではの「すぐき漬け」と刻んだ大葉が挟んであって。あぶられた鯖が香ばしくてね。それでいて、お値段もお手頃で。これを食べると「お帰りやす」って言われてるようで、ほっとするんですよ。

Profile

俳優。1960年、神奈川県生まれ。82年のデビュー以降、数々のドラマ、バラエティー番組、映画などで活躍。とりわけ2時間ドラマの出演が多い。仕事を通じて、京都にも詳しい

写真＝佐山順丸

あぶり鯖寿司

まんざら 本店

身の厚い鯖を昆布と塩で締めて、すぐき漬けと大葉のみじん切りを挟んで棒寿司に。供する寸前に表面をあぶるので、皮はパリッと、身はトロリと濃厚な味わいに。1本8貫だが、ハーフサイズ（4貫）もある。1本2200円。税込み

京都市中京区河原町通夷川上ル指物町321
☎075−253−1558
㊪日〜木17：00〜22：30L.O.
　金土　17：00〜23：30L.O.
㊡不定

佐野史郎

Shiro Sano

天丼が大好物なんです。出会いは8歳のころでした。家族で外出するはずの日に両親が喧嘩。母は弟を連れて実家へ行き、僕は父と出かけたんですが、すっかりひねくれてしまって。父は機嫌を取ろうと思ったのか、松江城のお堀端の天丼屋へ連れていってくれたんです。宍道《しんじ》湖の白魚のかき揚げで知られた店でしたが、その日はネタ切れで海老が2尾だけ。ところがそれが衝撃的なおいしさ！ 腹立ちと感動がないまぜになり、それ以来、天丼のとりこになりました。

仕事で各地を訪れる時も、天丼屋を探します。天ぷら屋さんの天丼じゃあ、ダメなんです。胡麻油で揚げ、濃いめのタレが東京の特徴ですが、今はなき松江の味を思い出させてくれるのがこの店です。最上級の油のおかげで、軽い仕上がり。カリッと揚がった海老にアナゴ、キス、メゴチ。すべてその朝仕入れた江戸前の天然ものです。少々お値段が張るところも、松江と一緒。月に一度の贅沢に通いたくなる味ですが、亡き父にも一度、食べさせてあげたかったなあ。

Profile

俳優。1955年生まれ、島根県出身。唐十郎の「状況劇場」に在籍後、86年、「夢みるように眠りたい」で映画デビュー。92年、ドラマ「ずっとあなたが好きだった」でブレークした

まさる

大入 江戸前天丼

納得いく素材が手に入らない時は店を開けない、材料がなくなり次第終了、というこだわりぶり。揚げ油には上品な香りの玉締め胡麻油を使用。大入 江戸前天丼（車海老、アナゴ、キス、メゴチ）3800円のほか、上質な車海老がたくさん入った時だけ車海老天丼を出すことも。味噌汁は200円。税込み

東京都台東区浅草1−32−2
☎03−3841−8356
㊋11：00〜14：30L.O.
時間前でも食材がなくなり次第終売
㊡日水

有馬稲子

Ineko Arima

昔からお魚が大好き。幼いころ釜山（韓国）におりましてね。海の幸には事欠かないし、「なにわ寿司」っていうおいしいお寿司屋さんもありました。祖母が作るちらし寿司にも魚がいっぱい載っていて、1カ月、毎日作ってもらったほどです。

こちらは、たまたま入って気に入ったんです。あるとき倍賞千恵子さんとばったりお会いして、お店の方や常連さんを紹介していただき、すっかりなじみになりました。何が好きかって、とにかく店内がシンプルなんです。ごちゃごちゃした飾りもなし。清浄なヒノキのカウンターに、とびきりのお寿司がすっと現れる。仕事熱心な大将が、時には産地に足を運んでまで厳選しているお魚ですから、彼のおすすめには間違いがない。特に私は青魚が好きなので、程よく脂がのって歯ごたえのあるアジやコハダは、お刺身でいくらでもいただけます。

倍賞さんからはときどき、ご連絡をいただいて、ご一緒しますよ。私、お寿司のお誘いならいつでもウェルカムなんです。

Profile

俳優。大阪府生まれ。1949年、宝塚歌劇団に入団、娘役トップスターに。53年に映画界に転身。「東京暮色」(57)などに出演し、邦画界を牽引。2003年に勲四等宝冠章受章

すし処あおい

刺身と寿司

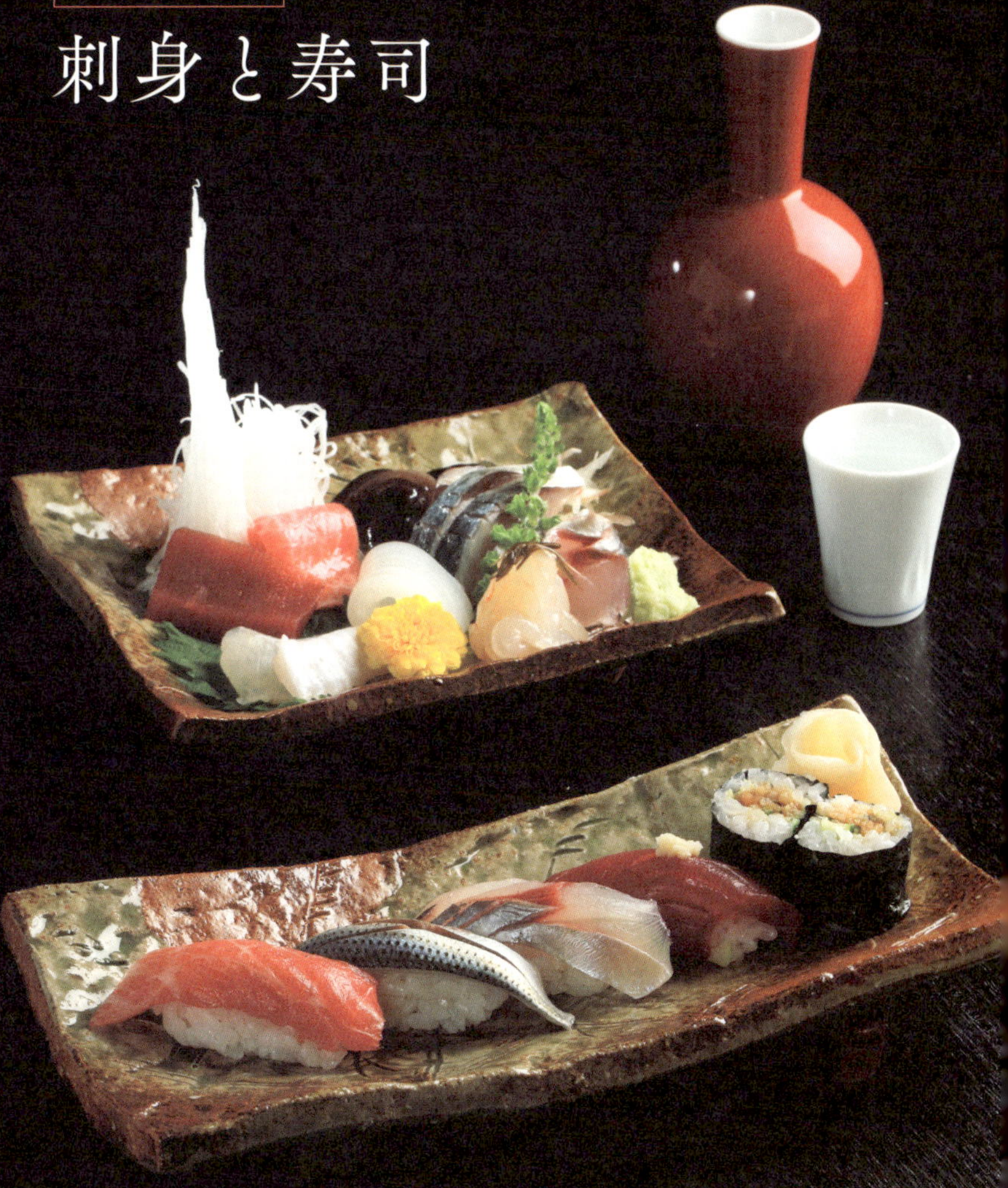

八重山で揚がったマグロの大トロ、旬の走りの熊本のコハダに淡路島のアジ、千葉・御宿のカツオ。江戸前アナゴの穴きゅう巻は有馬さんの好物だとか。寿司は基本、時価。コースは1万円～。手軽な握りセット（季節の握り9貫と巻物）4000円もある。税・サ別

神奈川県横浜市港北区新横浜3－8－11
メットライフ新横浜ビル1F
☎045－478－2345
㊔11:30～14:00L.O.（土は～13:30L.O.）
17:00～23:00L.O.（土は～22:00L.O.）
㊡日祝

北野大

Masaru Kitano

うちは夫婦揃って寿司が好き。十数年前、竹の塚に住む友人の紹介でこの店を知りました。孫たちとは回転寿司にも行きますが、夫婦二人の時は近場でゆっくりと落ち着ける店がいい。ここはご主人が寡黙な職人肌で、女将さんも気立てが良く、居心地がいいので気に入っています。

寿司を握ってもらう前にきまって頼むのが、この穴子の白焼き。関東では煮穴子が一般的なのでめずらしいでしょ？ 塩をふって表面をさっとあぶった身に、ちょこんとわさびをのっけて食べると絶品。醤油はいらない。ビールのつまみに最高です。ほかにも単品料理がいろいろ楽しめて、マグロやアオヤギを使った、ぬたの盛り合わせや海鮮サラダも好きですね。

今年75歳になりましたが、いまだ現役で働けるのはありがたい。健康の秘訣は〝食〟と〝運動〟と〝生き甲斐〟があること。今年の春から、埼玉・所沢の短大に1時間半以上かけて毎日電車で通っています。おかげさまで足腰が鍛えられました。食欲も増し、より健康的になりましたね。

Profile

秋草学園短期大学学長。工学博士。1942年、東京都生まれ。東京都立大学大学院博士課程修了。「サンデーモーニング」や「クイズダービー」に出演し、お茶の間で人気に

宝鮨

穴子の白焼き

50年余り続く地元に根づいた寿司店。江戸前もしくは宮城県松島産の活穴子を使用。両面を軽く焼いた穴子は皮目が香ばしく、身はほろりとやわらか。わさび、すだち、おろし醤油など好みの味で楽しめる。地酒の種類も豊富。2400円。にぎり（並）1600円。税別

東京都足立区西竹の塚１－11－２
エミエルタワー竹の塚１F
☎03－3899－3627
㊔11：30～14：00L.O.　17：00～22：30L.O.
㊡水

吉田類

Rui Yoshida

いままで数えきれないほど居酒屋を訪れましたが、僕なりのいい店の見分け方があります。外から中の様子を見ると、大衆的な雰囲気でお客さんがみんなくつろいでいる。そして活気が外まで伝わってくる。こんな居酒屋に、はずれはありません。

新宿西口「思い出横丁」のど真ん中にある「カブト」もそんな店。最初に行ったのは、初代のご主人がまだ焼き場に立っていたずいぶん前のこと。戦後の闇市の風情が残る横丁の中でも、ひときわ活気があって、迷わずのれんをくぐりました。

いつも決まって頼むのが「一通り」。うなぎの頭から尾っぽまで5種類の部位が食べ尽くせるちょっと贅沢な串コースです。カウンターのすぐ目の前で焼かれるうなぎは、炭火焼きならではの香ばしい苦みがたまらず、焼酎がすすみます。

初めて行くカウンターの店は緊張気味になりがちですが、最初に目の前のご主人や隣のお客さんに軽く会釈する。それだけですっと店になじんで、お酒がさらにおいしくなりますよ。

Profile

酒場詩人・イラストレーター。1949年、高知県生まれ。「吉田類の酒場放浪記」に出演するほか、各地で酒場や旅をテーマに講演する。著書に『酒は人の上に人を造らず』など

カブト

一通り

焼き鳥やモツ焼きの店が軒を連ねる新宿西口「思い出横丁」で、うなぎの串焼き一筋70年。「一通り」は、えり焼（頭）、ひれ焼（尾）２本ずつ、きも焼、ひと口蒲焼、れば焼を１本ずつ提供。食べ比べるのが楽しい。創業以来、継ぎ足しで作るタレはさっぱりとして飽きがこない。1850円。税込み

東京都新宿区西新宿１－２－11
☎03－3342－7671
㊔13：00～20：00
㊡日祝
予約不可

生島ヒロシ

Hiroshi Ikushima

ここは何年か前に知人に紹介されてから行きつけになりました。地下へ続く階段を下りるとわずか10席の和の空間が広がっていて、実に居心地がいい。本当はあまり紹介したくない店なのですが……（笑）。

料理は作り手の人柄をあらわすと言いますが、一品一品にご主人の優しさがこめられています。コース料理ですが、量も調節してもらいながら、旬のおいしいものを自分で選べるのがありがたい。家庭の味が恋しい独身の方にもおすすめですよ。

この三陸産の蒸し鮑《あわび》を食べた時は驚きましたね。僕は宮城県気仙沼出身ですが、地元でこんな贅沢なものを口にしたことはありません。さすが〝貝の王者〟と呼ばれるだけに特有の甘みがあって。だしを含んだやわらかな鮑に、ご主人の丁寧な仕事ぶりがうかがえます。

東日本大震災から7年が経ちました。三陸は日本が誇る魚介の宝庫。地元の復興を願うとともに、漁師さんへの感謝の気持ちを忘れずに、海の恵みをいただきたいと思っています。

Profile

フリーアナウンサー。1950年、宮城県生まれ。TBSでアナウンサーとして活躍後、独立。ファイナンシャルプランナー、防災士などの資格を持ち、東北福祉大学客員教授も務める

青山 たか野

蒸し鮑

旬の三陸産黒鮑を蒸し、昆布だしで煮たあと、漬け地で味を含ませる。ほどよい弾力とうまみが格別で、そのまま食べても美味だが、青のりを加えた肝醤油をつけると磯の風味が加わり酒との相性もよし。コース料理7500円〜の一品。単品1800円。税別

東京都港区南青山５−12−６
英ビルＢ１Ｆ
☎03−6427−9287
㊖18：00〜22：00L.O.
㊡日祝
要予約

太田裕美

Hiromi Ota

1975年頃、愛川欽也さんとうつみ宮土理さんが司会をされていた「シャボン玉こんにちは」というバラエティー番組がありました。私はデビューしたての頃で、番組で歌を歌わせてもらったことも。79年から約2年間、欽也さんと司会も務めさせていただきました。そんなご縁もあって、宮土理さんや当時の番組スタッフが集まる〝シャボン玉会〟に数年前から呼んでいただき、こちらにお邪魔することに。魚料理が豊富な居酒屋で、欽也さんもお気に入りのお店だったようです。

毎回行くたびに、必ずみんなで食べるのが、大ぶりのアジフライ。外はサクッとして、中が驚くほどふわふわなんです。これにとんかつソースをかけて、いただきます。昔、実家が寿司屋だったこともあり、魚の味には敏感なほう。ここの魚料理はどれもおいしいですね。昭和の匂いがする庶民的なお店だから、居心地もよくて。いつも思い出話に花を咲かせながら、古き良き仲間と楽しませていただいています。

Profile

歌手。1955年、東京都生まれ。74年に「雨だれ」でデビュー。「木綿のハンカチーフ」など数々のヒット曲を生む。現代音楽、ジャズなど他ジャンルのミュージシャンとも共演

魚と酒の旨い店 ウオツネ

アジフライ

元鮮魚店が営む、鮮度抜群の魚料理が自慢の居酒屋。その日に仕入れた大ぶりの真アジをさばいて開き、衣をつけてカラッと揚げるフライだけあって、とても新鮮。衣はたっぷりサクサクで、中身はふっくらとして食べごたえあり。400円。税別

東京都目黒区上目黒１－６－８
日の出ビル１Ｆ
☎03－3710－9719
㊋11：30～14：00L.O.（平日のみ）
17：00～22：00L.O.（ドリンク22：30L.O.）
㊡日祝

戸田奈津子

Natsuko Toda

私はとにかく食いしん坊。年間50本以上、ハリウッド映画の字幕翻訳をしていた頃も、仕事の合間に、国内外を問わずおいしいものを食べ歩いていました。

そんな私のお気に入りは、大きなテーブルが1卓あるだけの中国料理店。いつも貸し切りにして、友達と大勢で楽しみます。まるで自宅の台所で食べているようなアットホームな感じが良くて。気兼ねなく、仲間とワイワイおしゃべりしながらおいしいものが食べられる。こんな店、ちょっと他にないですね。

いつも注文するおまかせコースのメインは、赤ハタをまるごと一尾使った蒸し物。身がプリプリで新鮮。骨までしゃぶっていただきます。しかもタレがちょっと甘くて、ご飯にかけて食べると二度楽しめちゃう（笑）。豆腐の上にピータンをすり流したピータン豆腐もおいしいですよ。甕出しの紹興酒が進みます。こんなふうに気取りなく、リーズナブルに楽しめるお店が好き。また近々友達を集めて、賑やかにテーブルを囲みたいと思っています。

Profile

映画字幕翻訳家。1936年生まれ、東京都出身。80年公開の「地獄の黙示録」で字幕を担当。以来、1500本以上の作品を手がける。92年、淀川長治賞受賞。神田外語大学客員教授

ロウホウトイ

赤ハタの香港風蒸し物

大テーブル1卓のわずか10席の中国料理店。「赤ハタの香港風蒸し物」は、6人以上の貸し切りメニュー5000円の主菜。豊洲で仕入れた活きの良い赤ハタを蒸し、ネギやショウガ、香菜をのせ、熱した油をかけて香りを立たせた。醤油ベースのタレが淡泊な身に合う。税別

東京都港区白金5－14－8
☎03－5420－3288
㊮18：00～22：00L.O.
㊡不定

仁科亜季子

Akiko Nishina

数年前、名古屋で舞台公演があった時、共演者の方々とこちらのお店の本店にお邪魔しました。その時にいただいた、ひつまぶしの味が忘れられなくて。この春、東京に出店されたと聞き、久しぶりに息子を誘って、食事に出かけました。

私は量が少なめの「ひつまぶしミニ」を、息子は並盛りの「ひつまぶし まる」を注文。量が選べるのも嬉しいところ。まずはお茶碗によそって、海苔をふりかけていただきます。甘辛いたれが鰻とご飯に絡んで、思わず箸が進みます。じつは私、やわらかい鰻の皮が苦手で……こちらは関西風の焼き鰻だから、皮面がパリッと香ばしく焼き上げてあって、むしろ皮がおいしいくらいなんです。

最後に温かいだしをかけ、わさびを添えて楽しみますが、大葉やネギの薬味でアレンジできるのもいいですね。ミニといっても女性だとちょうどいいくらいのボリュームでした。息子もよほど気に入ったのかしら？ あっという間にぺろりと平らげていましたね（笑）。

Profile

女優。1953年、東京都生まれ。72年にNHK「白鳥の歌なんか聞こえない」でデビュー。近年はバラエティー番組の出演や、自身の経験をもとにがん治療に関する講演を行っている

まるや本店 東京ミッドタウン店

ひつまぶし ミニ

東京都港区赤坂9－7－4
東京ミッドタウン ガーデンテラス3F
☎03－5843－1708
㊚11：00～22：00L.O.
（日祝～21：00L.O.）
㊡なし

名古屋名物・ひつまぶしの名店が、東京に進出。数種類の醤油とみりんを合わせた絶妙の甘辛いたれ、お米マイスターがブレンドした硬めに炊いたご飯が人気の秘密だ。ひつまぶし ミニ2750円は、持ち帰り用の弁当2550円もある。17時からは鰻会席も提供。8800円～。税込み

片桐はいり

Hairi Katagiri

片桐家は祖父の代から親戚一同集まって、みんなで賑やかにおいしいものを囲むのが好きな家でした。父は人一倍食いしん坊で、小さい頃から横浜中華街にもよく連れていってくれましたね。そのうちのお気に入りの一軒がこちらです。

当時はいつもメニューも見ずに、適当に見繕っておすすめ料理を作ってもらっていました。とくに印象的だったのがこの一品です。私はそれまで、うなぎと言えば蒲焼きしか食べたことがなかったので、中国ではこんな料理があるんだって驚きましたね。ブツ切りで中骨もあって。ニンニクはホクホクするほどやわらかく煮てある。一見、こってりとした感じだけど、食べるとむしろ上品な広東風の味なんです。こんな料理を変わらず出してる店って珍しいですよね。

今も中華街の前を通ったら素通りできず（笑）、ひとりふらっと汁なしのネギそばだけ食べに入ることも。周りに新しい店が増えましたが、私は昔ながらのほっとするような味が好み。つい足が向いてしまいます。

Profile

俳優。1963年、東京都生まれ。大学時代に舞台デビュー。「シン・ゴジラ」「あまちゃん」など数々の映画、テレビでも活躍。２分間のショートムービー「もぎりさん」も話題に

写真＝興村憲彦

海南飯店

うなぎとにんにく煮込み

横浜中華街で1956年に創業の広東風家庭料理の店。開業以来、提供する名物で、骨付きのブツ切りうなぎやニンニク、干しナツメ入りで栄養満点。とろみのあるスープにうなぎのうまみがとけ込み、想像以上にあっさりとした味わいだ。3150円。税込み

神奈川県横浜市中区山下町146
☎045－681－6515
㈲11：00～21：30L.O.
㈭なし

小泉武夫

Takeo Koizumi

私は大衆的な店が好き。「安くておいしいものを食べさせてあげよう」といった気構えの店はわくわくします。こちらもそんな一軒です。通い始めて25年くらいは経つでしょうか。なんといっても目利きが仕入れた新鮮な魚にいつでもありつける。これが最大の魅力です。

刺し身もいいですが、私のおすすめは鰯のつみれ鍋。鰯は足が早いでしょ。だから臭みが出やすい。しかしこの店は、とびきり新鮮なネタをつみれにし、竹筒に詰めて出してくれます。これをヘラでギュギュッと押し出し鍋に入れると、ぷかっと団子が浮いてくる。箸でかき分け、かき分け、最初はつみれだけを引っ張り出していただきます。ホクホクとした食感と濃厚なコクがたまりません。酒の肴に最高。焼酎や辛口の純米酒がよく合います。鰯のうまみをたっぷり吸った野菜や豆腐もじつにうまい。そして最後はうどんを追加し、だしまで余すことなくいただきます。おいしいものを食べると心と体の糧になる。まさにそんな鍋ですね。

Profile

農学博士。1943年、福島県の酒造家に生まれる。専門は醸造学、発酵学、食文化論。東京農業大学名誉教授。各地の大学客員教授や、行政機関で食に関するアドバイザーも務める

奈加野

鰯つみれ鍋

渋谷の賑やかな繁華街にありながら、情緒あふれる雰囲気で魚料理が楽しめる居酒屋の名物。締めに追加で注文したうどんを入れれば、魚のうまみを堪能できる。2400円。税別。銘酒も揃い、香り豊かな裸麦を使った小泉武夫氏プロデュースの焼酎「裸の麦をつかまえて」（写真）も味わえる

東京都渋谷区宇田川町31－3
田中ビル２Ｆ
☎03－3476－1787
㊝11：30～13：30L.O.
17：00～22：30L.O.
㊡日

三遊亭好楽師匠が愛する
浅草のロシア料理
椎名誠さんの
最良のビールの友とは……

中村吉右衛門

Kichiemon Nakamura

資生堂パーラーのクロケットを初めて食べたのは、小学校低学年の頃。養父である初代吉右衛門が歌舞伎座の楽屋で食べておりまして、それを分けてもらいました。戦後まもない頃のことですから、まだそういった洋食は珍しい。それで強い印象を持っております。

養父は、このクロケットは消化がいいと思っていたようです。味の他に、そのあたりも気に入っていたのでしょう。普通のコロッケとは違いまして、ジャガイモではなくホワイトソースを使っているからでしょうか。揚げた後にオーブンに入れるそうで、脂っこくないのもいいのかもしれません。私はクロケットの他に、名物のチキンライスもいただきます。

実母（松本白鸚夫人）も、私を資生堂パーラーに連れていってくれました。当時はまだ木造の建物でしたが、吹き抜けがあったように覚えております。このお店には、安心してうかがえる独特の雰囲気があります。私の孫に至るまで、5代にわたってお世話になっております。

Profile

歌舞伎俳優。1944年、東京都生まれ。48年に初舞台。圧倒的な存在感で歌舞伎を代表する立役。「鬼平犯科帳」などドラマや映画でも活躍。2011年、人間国宝に認定された

資生堂パーラー 銀座本店

ミートクロケット
トマトソース

1931年、当時の料理長・高石鍈之助氏が宮中晩餐会の料理を見て、開発、導入した歴史あるメニュー。イモは使わず、つなぎはベシャメルソース。180℃の油で２分揚げた後にオーブンで５分焼くことで、表面はカリッと。2600円。税込み、サ別

東京都中央区銀座８－８－３
東京銀座資生堂ビル４ ～ ５Ｆ
☎03－5537－6241
㊐11：30 ～ 20：30L.O.
㊡月（祝日の場合は営業）

立木義浩

Yoshihiro Tatsuki

2、3年前ですかね、銀座のギャラリーで写真展を開きました。オープニングパーティーの後、来てくれた友人たちともう一杯、という気持ちで近くの店にフラリと入ったわけです。

僕の顔を見たシェフが「お久しぶりです」って挨拶してくれて。え、誰だっけ、と一瞬わからなかったけど、よくよく見て思い出しました。10年以上前に「期待の若手クリエイターたち」というテーマで何人かを撮影して、そのポスターを山手線に貼り巡らす企画がありました。その時に撮った人でした。

これも縁だと思いつつ、何を食べようかと思って他のテーブルを見たら、ピッツァが脚の付いた皿にのっていて、すごいものだと直感した（笑）。実際頼んだら、薄くてパリッパリで、これはいい！ 以来、昼夜問わず、何人か誘ってここに寄り、いろんなピッツァを頼んでます。

前菜からメインまで揃う本格派の店なんだけど、実はまだそこまできちんと食べてはいません。先のお楽しみとして取っておいてるんですよ（笑）。

Profile

写真家。1937年、徳島県生まれ。NHK朝の連ドラ「なっちゃんの写真館」のモデル立木写真館3代目の次男。雑誌、広告で活躍する他、『マイ・アメリカ』などの写真集も刊行

ベルニーニ東京

マルゲリータ

クリスピーなローマタイプで直径は36㎝。「ナポリピッツァが500℃で一気に焼くのに対して、300℃で時間をかけて水分を蒸発させながら焼くんです。表面積はこちらのほうが大きいけど、粉の量はナポリの3分の2なんですよ」（オーナーシェフの松本賢悟氏）。1280円。税別

東京都中央区銀座2－11－13
銀座歌茶屋ビル1F
☎03－6228－4774
㊎11：45～14：00L.O.
　18：00～22：00L.O.
㊡不定

小林幸子

Sachiko Kobayashi

ここ数年、ネットの動画サイトやアニメの声優にも挑戦しているせいか、小学生の可愛らしい女の子から「さっちゃーん！」って呼ばれるようになりました。新しい世界に挑戦することが楽しくて。何か目標を達成したり、ちょっとしたお祝い事があるときに仲間とこちらに出かけます。とにかくサービスの方がもてなしのプロ。ご一緒するゲストも楽しませてくださるので、皆さんに喜んでいただけますね。

最初にこの料理を見たときは、きれいな花がテーブルに運ばれてきたのかと勘違い（笑）。野菜だと聞いて「えっ、コレって食べられるの？」って思わず聞いちゃいました。季節ごとに採れたてのフレッシュな味が楽しめて、見た目が華やかなのでテーブルが一気に盛り上がります。アンチョビの塩気がきいたクリーミーなバーニャカウダソースも生野菜に合うんです。

この店は夕方から夜にかけて、刻一刻と変わる窓からの眺めがまた素晴らしい。眼下に輝く夜景を見ながら、また明日から頑張ろう！って気にさせられます。

Profile

歌手。1953年、新潟県生まれ。64年に「ウソツキ鴎」でデビュー。79年に「おもいで酒」が大ヒット。最近はアニメの声優やニコニコ動画に出演して、若い世代からの支持を得る

エアーズ イタリアン キュイジーヌ

Ar'sスペシャルバーニャカウダ
〜ベジタブルフラワー〜

全国各地から仕入れた元気みなぎる15種類以上の野菜を〝卓上花〟に見立てて盛りつけた前菜。ニンニクとアンチョビに生クリームを加えたソースが、野菜に濃厚なコクを与える。夜の単品として提供。写真はLサイズで2200円。Sサイズもあり1500円。税・サ別

東京都港区東新橋1－5－2
汐留シティセンター41F
☎03－5537－6431
㊝11：30～14：30L.O.
17：30～22：30L.O.
（日祝は17：00～）
㊡なし

三遊亭好楽

Koraku Sanyutei

浅草界隈にはいろんな店があるけれど、弟子たちを連れて寄席仲間と集まるのがこちら。料理もさることながら、ママさんのおもてなしが実に心地いい。誰をお連れしても喜ばれます。

最近になって、たまたま家族を連れていったら「なんでこんないい店、いままでずっと黙って教えてくれなかったのよ！」ってカミさんや娘たちにこっぴどく叱られましてね（笑）。

私はみんなで仲良くシェアして食べる主義なんです。必ず注文するのが「キャベツロール」。最初に食べた時は驚きましたね。中にたっぷりの挽き肉が詰まっていて、トマトソースとも相性がいい。横に添えたマッシュポテトも絶品。ていねいな仕事ぶりがうかがえます。これ以外に茸のクリーム煮が入った壺焼きやピロシキもはずせません。みんながおいしそうに食べている姿を眺めながら、お酒を飲みつつ食事をするのは最高に気分がいい。最後にウォッカを一杯。これでカーッと熱くなって高座に向けて英気を養う。飲みすぎには要注意ですが（笑）。

Profile

落語家。1946年、東京都生まれ。66年に八代目林家正蔵に入門。83年に五代目三遊亭円楽門下に。2013年、東京・根津に寄席小屋「池之端しのぶ亭」を創設し、若手育成にも尽力

ストロバヤ

キャベツロール

1978年の開店以来、浅草で愛され続ける家族経営のロシア料理店。その看板料理は、贅沢に和牛100%の挽き肉とタマネギを練ってキャベツで包み、ソースとともに8時間以上じっくり煮込んだ。つなぎにご飯粒を混ぜることで、ふんわりとした食感に。1050円。税別

東京都台東区西浅草2－15－8
☎03－3841－9025
㊋11：30～14：00L.O.
17：00～21：00L.O.
㊡木（祝日の場合は翌金）、第3金

高橋ひとみ

Hitomi Takahashi

50歳を過ぎてから出会った主人とは、結婚6年目になります。家事も全面的にサポートしてもらって感謝しています。お料理も「作って」とは言われません。こちらが「作ろうか?」って言うと、「えっ、作るの?」って驚かれるくらいなんです(笑)。

そんな彼とは時々外食を楽しみますが、いま断然お気に入りなのがこのイタリアン。シェフが手際よくひとりでお料理を作っているのですが、おいしくてボリュームがあり、コストパフォーマンスもいいお店です。なかでもプチトマトがたっぷり入ったこのカプレーゼは私の大好物。イタリア料理の定番ですが、いままで食べたなかで一番のおいしさ! オリーブオイルやビネガーで和えたトマトに、とろ~りとチーズが絡みます。シンプルなだけに、素材のおいしさも際立っているんですよね。いつもお店に行くと、他の人が食べている料理が気になって仕方ない。つい横目でチェックしてしまうんです(笑)。お目当ての肉料理もあることだし、次回はいつ行こうかしら?

Profile

女優。1961年、東京都生まれ。17歳で寺山修司演出の舞台でデビュー。ドラマ「ふぞろいの林檎たち」(83)で話題に。南アフリカ観光親善大使、大田区観光PR特使を務める

オルランド

ストラッチャテッラと三浦産トマトのカプレーゼ

２種類のプチトマトに、プーリア名産のチーズ、ストラッチャテッラのミルキーさやオリーブオイルの青みが重なる人気の前菜。濃厚なアップルビネガーや黒胡椒もアクセントとなる。カウンターもあるので、ひとりワインと一緒に料理をつまむもよし。2100円。税別

東京都目黒区青葉台３－１－15
☎03－6427－0579
㊋18：00～
㊡日
要予約

山本一力

Ichiriki Yamamoto

こちらのマスターは若い頃、六本木の老舗「シシリア」で働いた方。80歳を過ぎたいまも現役で、味を継いでいます。西葛西でこの店を見つけた時は嬉しかったですね。私の〝ピザ事始め〟は18の頃、六本木の店で始まったから。

当時は旅行会社で働いていて、高校の同級生が麻布十番の4畳半ひと間の私のアパートに転がり込んできた。そいつが根っからの江戸っ子で。連れてってくれたのが六本木の「シシリア」だった。私はピザなんて食べたことがなくて、彼が「ピザは絶対にアンチョビに限る」って言い切るもんだから頼んでみたら、いやあ驚いた。生地が薄くてパリッパリで。あふれ出しそうなトマトソースにアンチョビの塩気が重なって。思わずお代わりしたのを覚えています。

あの頃の懐かしい味がそのまんま、ここに行けば味わえる。丹念に仕込んだ生地で、あつあつのピザを出してくれます。マスターの人生の深みを感じるからこそ、なおさらうまい。これからも通い続けますよ。

Profile

作家。1948年、高知県生まれ。旅行会社、広告制作会社などさまざまな職を経て小説家を目指し、97年『蒼龍』でオール讀物新人賞受賞。2002年、『あかね空』で直木賞

写真＝朝日新聞社

シシリア

アンチョビのピッザ パイ

昭和29年に創業した六本木「シシリア」の味を今に受け継ぐ店。四角いピッザ パイのレシピは、本家創業当時のまま。発酵させたパイ生地を極薄くのばして具材をのせ、高温でパリッと焼き上げる。トマトソースとアンチョビにマリボーチーズがとろけて絶品。850円。税別

東京都江戸川区西葛西６－12－７
ミルメゾン２F－B
☎03－3804－8321
㊮11：30～14：30L.O.
17：30～21：00L.O.
㊡火水

未唯mie

Mie

このお店を知ったのは30代後半のころだったと思います。ツアーで全国あちこちへ行くものの、駅とホールとホテルを行き来するばかり。おいしいものになかなか出合えない、とこぼす私に、大阪出身の友人がすすめてくれました。

初めていただいたときの衝撃は今でも忘れられません。ざる蕎麦なのに、お汁もお蕎麦も温かいっていうのが珍しい。それに何と言っても、運ばれてきた瞬間の香りがすばらしかったんですよ！ 麺に練りこまれた柚子の香りが、湯気と共にふわーっと。私、三つ葉や山椒、パクチーなど、香りの強いものが大好きで。すぐにとりこになりました。お蕎麦のおいしさはもちろん、生卵を溶き入れたお汁のまろやかさも実に絶妙です。

ここの女将さんのことは「大阪のお母さん」って呼ぶほど、親しくさせていただいています。今も大阪に行ったら、外せないお店。帰る寸前に慌ただしく寄って、ぎりぎりに新幹線に飛び乗る……。それぐらい、私には特別なお蕎麦なんです。

Profile

アーティスト。静岡県生まれ。1976年、ピンク・レディーとしてデビュー。81年に解散後はソロ活動に転身し、舞台、ミュージカル、コンサートなど多岐にわたり活躍

瓢亭

夕霧そば（温）

柚子の上皮を細かくおろし、石臼で挽いた白い蕎麦粉に混ぜて打った香り高い蕎麦が特徴。温と冷があり、温を頼むと温かい蕎麦と卵が入った汁椀が出てくる。熱いだしを注ぎ、卵を溶いて蕎麦にからめて食べる。やさしい口当たりが絶妙。冷は締めた蕎麦と卵なしの冷たいつけ汁。1150円。税別

大阪市北区曽根崎2－2－7
☎06－6311－5041
㊫11：00～22：45L.O.
（土～22：15L.O.）
㊡日祝

林家正蔵

Shozo Hayashiya

おかげさまでいろんな物を食べてきました。だからって、高級店は好きじゃない。押しつけがましい店も苦手。さて「人生の晩餐」って何だろうといろいろ考えたら、一軒しか残らなかった。それがここなんです。

元からモヤシソバが大好きでして。ああ、そんな芸人でありたいな、と。飽きない、ざっかけない（ざっくばらん）、気取らない、押しつけない。それでつい、また食べたくなるような。

世間には、茹《う》でただけのモヤシがドカッとのってたり、ニンジンやニラが贅沢に入る店もあるけれど、できればしゃきっと炒めたモヤシだけがいい。入っても豚肉。許されてキクラゲ。

その点、ここのは理想的です。

子供の頃から、モヤシはよく食卓に上りました。八百屋のバケツいっぱいに水が張ってあって、モヤシが浮かんでる。それが何とも気持ち良さそうで。あの歯触りが東京っ子の気性に合ってたのか、家族みんな好きでした。そう考えたら、モヤシソバは私の原点。やっぱりこれが、私の「人生の晩餐」なんです。

Profile

落語家、俳優。1962年、東京都生まれ。15歳で父・初代林家三平に入門。2005年、九代・林家正蔵を襲名。14年、落語協会副会長に就任した。15年度の文化庁芸術祭優秀賞を受賞

一寸亭《ちょっとてい》

モヤシソバ

澄んだ醤油ベースのスープに中太の麺。しゃきっと炒めたモヤシと豚肉を、あんでまとめ、トロリとかけた三層構造。モヤシソバ専用に、形がまっすぐな「分福もやし」を使用。850円。税込み

東京都台東区谷中３－11－７
☎03－3823－7990
㊋11：30～21：00L.O.
㊡火

川淵三郎

Saburo Kawabuchi

あれは1988年のこと。古河電工から、子会社の取締役に出向を命ぜられました。そして会社員の傍ら、日本サッカー協会の理事に。プロリーグ設立に向けて取り組むことになりました。ちょうどその頃、日本橋にうまいそば屋があると紹介されたのがこちら。気に入って、週に2、3度は通っていましたね。当時は近くの兜町の証券マンが昼時になると大勢詰めかけて。地下に下りる階段は背広姿の行列ができていました。

　僕が好んで注文していたのが納豆そば。納豆以外に海苔や鰹節、卵がバランスよく入っていて栄養満点。いつも大盛りで注文していました。僕は黒っぽくて太めのそばは好みじゃない。この店は白っぽい更科そばで、細くて繊細。いくらでもするっと食べられます。

　最近は夜、家族と時々出かけることも。焼き鳥や、九条ネギが入った出し巻き玉子など、一品料理もうまいですよ。ここに行くとJリーグ誕生に向けて、日々邁進していた30年前のことが懐かしく思い出されます。

Profile

日本サッカー協会相談役。1936年、大阪府生まれ。早稲田大学、古河電気工業でサッカー選手として活躍。64年の東京五輪に出場。引退後、91年にJリーグ初代チェアマンに就任

利久庵

納豆そば

北海道産のそば粉を使った、打ちたての更科そばが人気の老舗。「納豆そば」は香り高い山本海苔店の海苔や大和屋の鰹節、卵を混ぜ合わせて食べるヘルシーな一品。大根おろしを別に注文して添えるのもおすすめ。濃厚なつゆをたっぷりとからめていただきたい。1050円。税込み

東京都中央区日本橋室町１－12－16
☎03－3241－4006
㊌平日11：00～14：45L.O.
17：00～20：30L.O.
土11：00～16：00L.O.
※２・３階の昼定食は
11：00～14：00L.O.
（土は～14：30L.O.）
㊡日祝

デーブ・スペクター

Dave Spector

このパーコーメンは、来日当初からの大好物。最初は誰かに連れてきてもらったんだろうけど、もう忘れちゃいましたね……。場所柄、政治家の姿もよく見かけます。何しろ高級ホテルだから、キャデラックで食べに来る常連さんもいるみたい。

とにかくスープが絶妙なんですよ。いわゆるラーメンのスープとはまったく違う。味も香りも繊細で、そこにポークカツからのコクが加わって。忙しい時、さっと寄って食べられて、ボリューム満点。僕は「千代田区にある天国」って呼んでます（笑）。

今までにずいぶん、いろんな人を連れて来ました。特に関西の人はここを知らないからね。宮根誠司さんも橋下徹さんもいたなあ。これを食べるのは日本芸能界の通過儀礼だ！なんて言ってね。焼き肉なんかと違って、価格も手ごろでしょ。おごってもおごられても、負担にならないのもポイントです。

このおいしさは、もはや日本の秘密兵器ですよ。そうだ、習近平氏あたりに食べさせてみたらどうだろうね？

Profile

テレビプロデューサー、コメンテーター。米国生まれ。1983年に来日。的確な批評で人気を博す一方、米国のエンタメ文化を紹介するなど、日米のかけ橋役として活躍している

オールデイダイニング ORIGAMI

排骨拉麺
（パーコーメン）

40年間受け継がれ、多いときでは月に1000食も出るという人気メニュー。鶏と豚をベースにしたスープは、一晩かけて仕込まれる。サクサクのカツは国産豚のロース肉を特製醤油だれにつけ、片栗粉をまぶして二度揚げしたもの。3146円。税・サ込み

東京都千代田区永田町２－10－３
ザ・キャピトルホテル東急３Ｆ
☎03－3503－0109（代）
㊎6：30～23：30L.O.
※パーコーメンの提供は11：00～
㊡なし

松本伊代

Iyo Matsumoto

ここは最初、長男にすすめられたお店。「油そば」って聞いて、こってり系なのかな?と。でも家族4人で行ってみたところ、想像以上にあっさりとした味付けでびっくり。ヒロミさんも気に入って、それ以来、思い立っては伺うようになりました。

ヒロミさんはいつも大盛りを注文。私は小ぶりの「子供盛り」。たっぷりのもやしをトッピングするので、満足感はあります。まずはラー油やお酢を加えず、底から麺ダレと油をすくって混ぜていただきます。コクのあるタレとシャキシャキのもやしが麺に絡んで、これだけでも十分においしい。チャーシューもほぐしてあるから麺と相性が良くて。そのあとお酢を足し、締めにラー油を少し足して3段階で楽しみます。自分好みに味に変化がつけられるのがいいですね。汁なしでカロリーが控えめなのも嬉しいところです。

慌ただしい日々のなかでも、たまに顔を合わせて家族でおいしいものを食べに行く。これがわが家流の絶好のコミュニケーションとなっています。

Profile

歌手、タレント。1965年、東京都生まれ。81年「センチメンタル・ジャーニー」でデビュー。「オールナイトフジ」など司会でも活躍。夫はタレントのヒロミ。長男は俳優の小園凌央

麺屋 東京かとむら

油そば

弾力のある太麺に、どんぶりの底に隠されたうまみが凝縮した自家製ダレと太白ゴマ油がバランスよく絡まる。ほぐしたチャーシューもうまさを後押し。温玉やバターなどのトッピングを追加し、自分好みにカスタマイズするのも楽しい。子供盛500円、並盛750円。税込み

東京都目黒区中町１－１－１
☎なし
㈪11：00～15：00L.O.
17：00～22：30L.O.
㊡なし

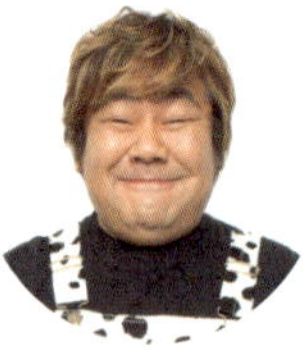

石塚英彦

Hidehiko Ishizuka

この店にはじめて家族と出かけた時、まずシェフを見て「あぁ、この人が作る料理なら絶対にうまいだろうなあ」と確信しました。全身から「まいうー」のオーラが漂っている人なんです。うちのオヤジと同じ山形県出身と聞き、なおさら親近感を感じましたね。しかも店内に「御利用の心得10カ条」というユニークな黒板がある。「ダイエットは明日から！」と書かれてあってニンマリ（笑）。食欲がわかないわけがありません。

巷のいろんなお店に「おまかせコース」ってありますが、こちらのコース料理は本当にまかせて安心です。お皿にいろいろのった前菜からパスタ、肉、デザートまで、いつも大満足で楽しませてもらっています。

なかでも「わたり蟹のスパゲッティ」は、最初に食べて衝撃を受けて以来、必ずお願いする一品。蟹のポテンシャルを存分に引き出していて、素材のおいしさを完全に超えちゃっている。濃厚なソースが麺に絡んで、まさに「まいうー！」。一度、試してみてください。

Profile

お笑いタレント。1962年、神奈川県生まれ。お笑いコンビ「ホンジャマカ」やソロとして活動。グルメ番組では、おいしいものを口にした時に出る「まいうー」が決めぜりふに

トラットリア ロアジ

わたり蟹のスパゲッティ

シェフの出身地、山形県でとれた蟹を使用。２日がかりで丹念に蟹の殻や身のうまみを引き出すソースが味の決め手に。仕上げにウォッカで風味付けしたトマトクリームソースは贅沢な味わいだ。夜の単品1300円。昼のコース1200円、夜のおまかせコース5000円でも提供。税別

東京都世田谷区等々力
４−８−１
堀之内等々力ビル２Ｆ
☎03−3703−2662
㊔11：30〜15：00L.O.
17：30〜21：30L.O.
㊡月

美内すずえ

Suzue Miuchi

吉祥寺に住んで、もう38年。最近は地元民が落ち着けるような、店主の個性が感じられる店が減って寂しいですね。このお店は15年ほど前の開店当時から通っています。昔の吉祥寺の面影が残っていていいんです。

もともとカレーは大好き。このカレーは独特で、たまに無性に食べたくなります。メニューによっていろんな辛さがあるんだけど、どれも最初の口当たりは優しく、少したつと汗がどばーっ（笑）。だから食べに行くのに覚悟がいるんです。まず、その後に人と会う予定が入っているときはダメ。汗をかくからTシャツ着用、タオルは必須。お化粧はすっぴんか、はげ落ちる覚悟で。

豊かなスパイスの香りと爽やかな辛さを堪能したら、食後はすっきりとして、何だか元気が出るんです。私の体に合ってるのかしらね。お気に入りです。『ガラスの仮面』も40年も続くと思わなかったけれど、描きたいことはまだまだたくさん。元気の源のひとつが、ここのカレーなのかもしれません。

Profile

漫画家。1951年生まれ、大阪府出身。16歳で漫画家デビュー。76年連載開始の『ガラスの仮面』は空前のロングベストセラーになった。02年に『妖鬼妃伝』で、講談社漫画賞を受賞

リトルスパイス

ブラックカレー

スリランカの家庭料理をヒントにしたという、同店で一番辛口のカレー。オリジナルに配合したスパイスの香りと、手羽元のこってりとした味わいがバランスよく、パクチーがアクセントになった逸品。1000円。税込み

東京都武蔵野市吉祥寺本町
２－14－１　山田ビル２F
☎0422－20－7915
㊔平日17：30～21：00L.O.
（土日は16：30～）
㊡不定

林家たい平

Taihei Hayashiya

あれは僕がまだ、大師匠の初代三平宅に住み込み修業をしていた20代の頃。兄弟子がたまたま、この店に連れていってくれました。子供の時、おふくろがよく弁当に入れてくれた塩紫《しそ》漬のおにぎりを食べたら、懐かしくて。それ以来、浅草演芸ホールの帰り、こっそりひとりで立ち寄るようになったんです。

修業中の身ですから、普段はほっとできる時間がない。そんななか、先代の女将さんが割烹着姿でいつも笑顔で迎えてくれましてね。まさに東京のお母さんのような存在で。カウンター越しに「頑張ってたら、きっといいことあるよ」って、いつも励ましてくださった。

香りのいい海苔で挟んだ握り飯は、ほっかほかで愛情が詰まってて。噛みしめながら、頑張ろうって気になりましたね。当時の女将さんはお亡くなりになりましたが、最近、2代目の女将さんの笑顔がお母さんそっくりになってこられた。

おにぎりは日本人にとっては食の原点。そして僕にとっては落語家の原点でもあるんです。

Profile

落語家。1964年、埼玉県生まれ。武蔵野美術大学卒業後、林家こん平に入門。2000年に真打ちに昇進した。07年度芸術選奨文部科学大臣新人賞。武蔵野美術大学客員教授も務める

宿六

おにぎり
（塩紫漬・山ごぼう）

昭和29年創業のおにぎり専門店。コシヒカリの銀シャリで十数種のネタがカウンターの目の前で握られる。塩紫漬は紫蘇の実がプチプチとした食感。山ごぼうはみそ風味で歯応えがよい。おにぎり270円～。昼はおにぎり２個、味噌汁、沢庵付き680円～。日本酒も置く。税別

東京都台東区浅草３－９－10
☎03－3874－1615
㊔昼11：30～　夜18：00～
それぞれ売り切れ次第終了
㊡日昼、火水夜

※写真は具を外に出して撮影したイメージ

尾木直樹

Naoki Ogi

僕はね、美容と健康にすごく気を使って食事を摂《と》っているんです。それを知っている事務所のスタッフが、このお店を見つけてくれました。紀元前2世紀から伝わるスープがいいそうで。

いろんなコースがある中、僕が選んだのは「淑女の美肌コース」(笑)。料理が出る前に分厚い書物が運ばれてきて、食材などの説明があったの。中国の皇帝は長生きが最大の願いで、それを叶えるためのコツが引き継がれている、と。滔々《とうとう》と続く説明は、大学の講義みたいでした。

こちらの体調に合わせたスープを選んでいただきました。運ばれた皿を見ると冬虫夏草が浮いてて、すごいなあと感心。

健康に良くても、薬草臭いのはちょっと……と思っていましたが、なんとも滋味深くてびっくり。出てくる料理、どれもこれもおいしいんです。フカヒレはもちろん、水餃子にも麻婆豆腐にも、たっぷりのコラーゲンが入っていてね。美肌を追求したい僕にとって(笑)、本当に嬉しいコースでした。もちろん効果もありましたよ。

Profile

教育評論家、法政大学名誉教授、臨床教育研究所「虹」所長。1947年、滋賀県生まれ。中・高・大学計44年間の教育現場での経験をもとに活躍中。「尾木ママ」の愛称で親しまれる

白金劉安

漢方食養湯

淑女の美肌1万4800円のコースの最初に出てくる漢方食養湯は、厳選された食材と生薬のエキスを4日間かけて抽出したもの。8種から選べる。水餃子には鮫の内皮と胸ヒレが入っている。杏仁豆腐は気管支と喉のケアのため、喉の粘膜にまとわりつくような柔らかさに仕上げられている。税・サ別

東京都港区白金台5－13－35
☎03－6455－7066
営12：00～14：00L.O.
18：00～20：30L.O.
休日月
前日までの完全予約制

関根勤

Tsutomu Sekine

ボクは小さい頃からカレーが大好き。中学生になって、それまで食べていた欧風カレーとはひと味違ったインドカレーに興味がわき始めた。大人になってからは都内のインド料理店をあちこち食べ歩きましたね。

なかでもおすすめがこちら。15年くらい前に東麻布の本店に行ってから、はまっちゃった。インド人オーナーのバンダリーさんがスパイスのことをよく研究しているんです。最近は新しくオープンした芝の店にも家族でよく出かけています。

「チキンティッカマサラ」は行くと必ず注文しますね。窯で焼いた香ばしいチキンが入っていて、ケチャップの甘さにスパイスの辛さがピリッときいて。格闘技にたとえると、飛び回し蹴りのようなイメージかな。思わぬところからスパイスがバーンってやってきて、気がついたらうちのめされてるような（笑）。チーズナンも好きですが、ちょっとめずらしい「カブリナン」っていうドライフルーツ入りの甘いナンもおすすめ。一度食べたら、やみつきになりますよ。

Profile

タレント。1953年、東京都生まれ。「ぎんざNOW!」素人コメディアン道場で初代チャンピオンとなり、74年に芸能界入り。バラエティー番組を中心に、テレビ、舞台で幅広く活躍

インド料理 スーリヤ芝店

チキンティッカマサラ、カブリナン

チキンティッカマサラ1490円は野菜や骨なしタンドリーチキン入りでクミンなど14種類のスパイスを使ったカレー。カブリナン650円は生地に甘いヒヨコ豆のペーストやドライココナッツが入り、トマトを使った自家製チャツネが上に塗られている。税込み

東京都港区芝４－９－３
石井ビル１F
☎03－6809－4550
㊪11：00～15：00L.O.
17：00～22：30L.O.
（日11：00～22：30L.O.）
㊡元日のみ

椎名誠

Makoto Shiina

子供のころ、仲良しに精肉屋のセガレがいて、当然のようにアダ名は「コロッケ」。で、なぜか僕がコッペパンの「コッペ」。コロッケパンはご馳走でした。

で、大人になったら、コロッケの相方はビールになった。漫画家の東海林さだおさんとも意見が一致したんだけど、ビールには、揚げ物がいいんです。ここのコロッケはたたずまいも凛々しくてね。そこにソースと、辛子も「タップシ」。これ、大事！　それがコロッケへの礼儀です（笑）。

ここのオーナーとは、30年以上の友人でね。スタッフも僕に注文なんか聞きに来ない。まず生ビールと、見つくろったつまみが出てくる。で、頃合いになるとコロッケが登場。打ち合わせなどによくここを使いますが、そんな時は予定の30分ぐらい前に行って、一人で飲む。そのひとときが大事なんですよ。

だから、人生の最後もここで、コロッケとビールをお供に、一人で生涯について考えたりしたいかな。あ、そんな大事な店、教えるんじゃなかったか（笑）。

Profile

作家。1944年、東京都生まれ。79年に『さらば国分寺書店のオババ』でデビュー。自伝的小説、SF、エッセー、ルポなど精力的に執筆するかたわら、映画監督としても活躍

犀門《さいもん》

コロッケ

コロッケは２個で750円。北海道産のメークインを丁寧に蒸しあげ、味付けは塩とコショウのみ。目の粗いパン粉をまとわせて、白絞油（大豆油）でカラリと揚げた逸品は、ざっくりした歯触りと、みっしりと濃密なジャガイモのコントラストが絶妙だ。税別

東京都新宿区新宿３－36－15
内野ビル４Ｆ
☎03－5379－2031
㊒17：00～翌１：00L.O.
㊡日（貸し切りの場合のみ営業）

久住昌之

Masayuki Kusumi

僕が原作を書いた『孤独のグルメ』は、おいしい料理を求めた〝グルメ漫画〟ではありません。主人公の井之頭五郎が空腹に耐えかね、たまたま入った店で小さなドラマが生まれ、ひとり飯の時間を楽しむといった物語。僕自身、行き当たりばったりで偶然おいしいものと出合うほうが性に合っているんです。「スヰートポーヅ」もそうでした。最初に行ったのは、神保町の美学校に通っていた19歳の頃のこと。はじめてこの餃子を見たときは「なんだこれ?」と驚きましたね。一般的なヒダのある包んだ形ではなく、具を皮で巻いただけの棒状で。しかもニンニクが入っていないので、何本でもパクパク食べられます。ラー油ではなく、醤油に七味唐辛子をふって食べるのも珍しい。定食はこれに大盛りご飯とワカメの味噌汁、お新香が付きます。

決して派手さはないけれど、食事を終えて店を出てから「さっきのメシ、おいしかったなあ」としみじみと思い出させてくれる。こんな店との出合いは楽しいかぎりです。

Profile

漫画家。1958年、東京都生まれ。81年、泉晴紀と組み「泉昌之」名で漫画家デビュー。谷口ジローとの共著『孤独のグルメ』はドラマ化され、劇中の音楽制作、演奏も担当した

写真＝朝日新聞社

スヰートポーヅ

餃子定食

店名は「おいしい包子(ぱうず)」の意味。餃子は初代が中国・大連で習得した技を継ぎ、特製の皮で餡を棒状に巻いて蒸し焼きにする。両端から肉汁が溶け出し、皮にうまみが加わりパリパリに。餡は中国式でニンニクが入らず、豚ひき肉とタマネギにショウガがきいて飽きがこない。940円。税込み

東京都千代田区神田神保町１－13
☎03－3295－4084
㊖11：30～15：00
16：40～19：40
㊡第１・３日、月
（第２・４日は昼のみ営業）

最高のひと皿は地味においしい

久住昌之

実は食べ歩きって、好きじゃないんですよ。

僕は東京の郊外、三鷹で生まれ育ちました。母親は専業主婦で、食事はいつもうちで。たまに来客があって、うちでもてなすのはなんだから近所の食堂で……ということがあったくらいで、外に食べに行くなんて滅多にありませんでした。当時はどこもそんな感じだったのではないでしょうか。

大人になってからも、おいしい物を求めて食べ歩こうとは思いませんでした。家の近くだったり、学校や職場の近くのような行きつけのエリアで、半ば必然的に行きつけになった店があり、そこの味がだんだん刷り込まれていきました。

そういう僕でも好きな店、好きな料理はあるわけです。それは何かというと、普通の店で出す普通の料理。普通のカレーとか普通のラーメンとかが好きなんです。格別においしいんじゃなくて、地味においしいものが。

最近、そういうのが少なくなったでしょう。グルメ番組の影響もあってか、お客さんは一口食べただけで「おいしい!」とリアクションをします。店の方もそのように一口で分かる味を工夫したり、インスタ映えする盛り付けにこだわるなど、普通